SCM

Stiftung Christliche Medien

Der SCM-Verlag ist eine Gesellschaft der Stiftung Christliche Medien, einer gemeinnützigen Stiftung,
die sich für die Förderung und Verbreitung christlicher Bücher, Zeitschriften, Filme und Musik einsetzt.

© 2015 SCM Collection im SCM-Verlag GmbH & Co. KG | Bodenborn 43 | 58452 Witten
Internet: www.scmedien.de; E-Mail: info@scm-collection.de

Soweit nicht anders angegeben, sind die Bibelverse folgender Ausgabe entnommen:
Neues Leben. Die Bibel, © der deutschen Ausgabe 2002 und 2006
SCM R.Brockhaus im SCM-Verlag GmbH & Co. KG, Witten.

Weiter wurden verwendet:
Elberfelder Bibel 2006, © 2006 by SCM R.Brockhaus im SCM-Verlag GmbH & Co. KG, Witten.
Gute Nachricht Bibel, revidierte Fassung, durchgesehene Ausgabe in neuer Rechtschreibung, © 2000 Deutsche Bibelgesellschaft, Stuttgart.
Hoffnung für alle®, Copyright © 1983, 1996, 2002 by Biblica, Inc.®. Verwendet mit freundlicher Genehmigung von `fontis – Brunnen Basel.

Quellennachweise:
Biblisches Wörterbuch, hrsg. von Grünzweig, Blunck, Holland, Laepple, Scheffbuch. R. Brockhaus Verlag Wuppertal, 5. Taschenbuchauflage 1994, S. 135 und 182.
Anselm Grün, „Die tiefste Triebfeder ...", aus: ders., Herzensruhe. Im Einklang mit sich selber sein © Verlag Herder GmbH, Freiburg i. Br. 2014, S. 107
Hans-Joachim Eckstein, „Du liebst uns nicht ..." © Hans-Joachim Eckstein, Tübingen
Sarah Budde, „Bei dir angekommen zu sein ..." © Sarah Budde, München

Trotz sorgfältiger Recherche konnten nicht alle Rechtenachweise zweifelsfrei ermittelt werden. Der Verlag dankt für Hinweise.

Gesamtgestaltung: Christina Custodis, Witten
Bildnachweise:
iStock/Thinkstock: InnaFelker (S. 2–3, 58–59); wawritto (S. 6–7); Massonstock (S. 8); piolka (S. 10, 17, 26, 32, 38, 46); LiliGraphie (S. 10, 17, 18, 23, 26, 32, 38, 46, 48, 53, 54);
MariaDubova (Umschlag; S. 10); alenchi (S. 11, 27, 49); Vadmary (S. 14); smiltena (S. 18); 501room (Umschlag; S. 19, 39); gpointstudio (S. 24, 53); csakisti(S. 26, 32); Gooddenka (S. 28);
william87 (S. 32); Balazs Kovacs (S. 36); muzon (S. 38); Enjoylife2 (S. 43); ChamilleWhite (S. 44); AndreaAstes (S. 46); Classix/iStock (S. 48, 54); OlgaPink (S. 48, 54); furtaev (S. 56);
hauvi (Umschlag; S. 5, 9, 13, 15, 16, 21, 22, 25, 29, 31, 33, 34, 37, 41, 42, 45, 47, 51, 52, 55, 57); zoomstudio (Umschlag; S. 1–60); ZWEID (Umschlag; S. 1–60)
Wavebreak Media/Thinkstock: Wavebreakmedia Ltd (Umschlag)
Illustrationen: Christina Custodis (Umschlag; S. 5, 7, 11, 19, 27, 39, 49)

Druck und Bindung: Druckerei Theiss GmbH – www.theiss.at
Gedruckt in Österreich
ISBN 978-3-7893-9761-5
Bestell-Nr. 629.761

Bevor es losgeht ...

Wow! Herzlichen Glückwunsch! Jetzt ist es geschafft: Du hast dich getraut. Du hast Ja gesagt. Zu Gott. Zu Jesus. Zum christlichen Glauben. Zur Kirche. Und damit einen Riesenschritt gemacht in Sachen Selbstständigkeit und Erwachsensein. Du hast selbst entschieden, dass du ein Teil sein willst – ein Teil von etwas Großem. Ein Teil einer Gemeinschaft. Ein Teil von Gottes Plan. Du hast dein Ja gegeben zu seinem Ja zu dir. Und damit ein himmlisches Freudenfest ausgelöst! Da oben tobt jetzt mit Sicherheit eine große Party ...

Zu so einem Schritt gehört viel Mut. Denn egal, wie gut man aufgepasst hat im Konfiunterricht – seien wir ehrlich: Wie viel weißt du über Gott, Jesus und die Bibel? Hast du den Eindruck, dir ist alles an deinem Glauben schon vertraut? Wie gut kennst du dich aus im Alten und Neuen Testament? Wie gut kennst du deinen himmlischen Vater? Und was weißt du über das Leben und den Charakter von Jesus? ... Und trotzdem hast du dich entschieden, dass du ihm dein Leben anvertrauen willst. Dass du ihm dienen willst. Und erklärt, dass du es glaubst – dieses Wunder der Gnade. Selbst, wenn du dir gar nicht so sicher bist, ob du das alles richtig verstanden hast: Etwas in deinem Herzen hat dir gesagt, dass da was dran ist. Dass es etwas gibt außerhalb unserer sichtbaren Welt. Einen verborgenen Schatz. Und dass es sich lohnt, danach zu suchen. Ihn zu entdecken. Deine Konfirmation ist der Beginn dieser Schatz-Suche.

Am Anfang
die Sehnsucht

Die tiefste

Triebfeder

dafür,
dass der Mensch
so ruhelos danach sucht, was ihn
glücklich und zufrieden
macht, ist
letztlich die
Sehnsucht nach Gott.

Anselm Grün

12

Manchmal wachst du auf und bist ganz kribbelig. Tausend Schmetterlinge tanzen in deinem Bauch. Ohne ersichtlichen Grund. Als ob dein Körper von etwas wüsste, das dir noch verschlossen ist. Du spürst deinen Herzschlag, dein Atem geht schneller. Du bist hellwach. Etwas wartet auf dich …

Dieses Kribbeln im Bauch

Du hast sie schon oft gespürt – manchmal so heftig, dass es weh getan hat: diese tiefe Sehnsucht in dir drin. Eine leise Ahnung, dass es da etwas gibt, das entdeckt werden will. Als ob einem etwas auf der Zunge liegt: Man weiß, dass es da ist, aber man kann es nicht in Worte fassen.

Wir alle sind auf der Suche. Aber wonach überhaupt? Nach dem, was das Leben ausmacht. Nach dem, was im Leben zählt. Wir sind auf der Suche nach Erfüllung. Nach Glück. Und auf der Suche nach Sinn. Dem Sinn dahinter, warum wir überhaupt hier sind. Wir suchen nach etwas, an das wir glauben können. Auf jeden Fall aber nach etwas sehr Kostbarem – einem echten Schatz eben.

Eine Schatzsuche ist immer auch eine Reise. Und reisen, das heißt: Erforschen. Entdecken. Sich ein Bild machen von dem, was bis jetzt noch unbekannt ist. Vom Fremden. Vom Anderen. Und sich überraschen lassen. Weil man auf einmal etwas erkennt: Dinge, die einem bisher verborgen waren. Mit der neuen Erkenntnis ändert sich auch der Blick auf Altvertrautes. Gewohntes kann man nun mit andern Augen sehen, weil man ein Stück mehr vom Leben begriffen hat.

Von so einer Reise kommt man reich zurück. Man ist voll von neuen Eindrücken, Erfahrungen, von neuen Ideen. Beschenkt, auch wenn man nichts in Händen hält …

Steh auf, geh los, mach dich auf den Weg – und halt die Augen offen. Nimm alles in dich auf, was dir begegnet; versuche, zu verstehen, was du siehst, ohne es gleich in eine „Schublade" zu stecken. Lass dich auf das Abenteuer ein! Es ist das Abenteuer deines Lebens.

Ein Traum ist ein echter Schatz. An ihm kannst du dich festhalten. Wie ein heller Stern in der Ferne zeigt er dir den Weg, den du gehen musst. Ein Licht der Freude und der Hoffnung, an dem du dich orientieren kannst. Das dir Wärme spendet, wenn es kalt und finster wird um dich herum.

Drei weise Männer aus dem Morgenland haben es vorgemacht. Auch sie folgten unbeirrt ihrem Stern, hunderte von Kilometern, durch die Weiten der Wüste hindurch – bis zum König der Welt. Ihrem Traum. Ihrem Schatz.

Deinem Stern hinterher

Jeder hat einen. Mindestens einen: den Traum vom Leben. Vom Leben, wie es sein sollte. Wie es perfekt wäre. Perfekt für dich.

Vielleicht ...

Knallbunt, verrückt, voller Spaß und Party und voller Menschen, die du liebst ... und dem Einen, der dir seine Liebe schwört ...

Oder doch ganz anders?

In der Stille, ganz für dich, mit viel Natur und Tieren und weitem Horizont?

Oder ...

Voll in Action, immer auf Achse, Business machen, wichtig sein, Geschäftsfrau, erfolgreich, das Smartphone am Ohr, schnell noch über die Shoppingmeile, die neuesten Trends eintüten, dann auf einen Cocktail in den Club?

Mutter sein. Familie haben. Einen lieben Ehemann, zwei Kinder oder drei, ein kleines Häuschen mit Garten, ganz idyllisch, unspektakulär, gemütlich – ein Zuhause.

Noch musst du dich nicht entscheiden. Alles steht dir frei. Und es ist absolut in Ordnung, Verschiedenes auszuprobieren. Wie bei den Klamotten auch: Etwas kann an der Stange ganz toll aussehen, aber wenn man es anzieht, stellt man fest, dass es einem gar nicht steht. Zu eng, zu knallig, das falsche Muster. Oder du gehst förmlich drin verloren. Und mit der Auswahl seines Lebenstraums sollte man doch noch viel sorgsamer sein als mit dem neuen Lieblingsshirt!

Die gute Nachricht: Wenn du mit dem Herrn auf Lebenstraum-Anprobe gehst, gibt es keinen Fehlkauf. Selbst wenn du erst nach einer ganzen Weile feststellst, dass das, was du dir ausgesucht hast, doch nicht das Richtige war, brauchst du nicht zu verzweifeln. Mit Jesus an deiner Seite kannst du jeden Tag von Neuem beginnen. Und alles, was du tust – und alles, was du bis dahin getan hast! – wird dir mit ihm zum Besten dienen.

Alles kann ein Schatz sein, wenn du es dazu machst. Und wenn es am Ende nur der Schatz der Erfahrung ist. Mit dem kannst du dann andere bereichern ...

Schatzsuche, das klingt nach einem echten Abenteuer, nach weiter Welt, nach Wind in den Haaren und Wellen und Meer und Salz auf der Haut – und irgendwie auch ganz schön gefährlich ...

Das Ticket ist bezahlt

In Gefahren begibt man sich nicht einfach so. Es muss schon etwas sehr Wertvolles sein, für das man bereit ist, viel aufs Spiel zu setzen. Und hier geht es schließlich nicht nur um ein paar Kröten, ein bisschen Bequemlichkeit oder Komfort, den es aufzugeben gilt: Wenn du dich auf das Abenteuer mit Gott einlassen willst, zahlst du dafür mit nicht weniger als mit deinem Leben.

Stimmt, das hört sich krass an. Aber es ist wahr: Mit unserem Ja zu Gott sterben wir – genauer gesagt, unser „altes Ich", der Mensch, der wir bisher waren, stirbt. Denn nur so kann etwas Neues entstehen – können wir neu entstehen und ein neuer Mensch werden: ein Kind Gottes. Mit deinem Ja zu Gott lässt du etwas hinter dir – dein Leben, wie du es bisher gelebt hast. Das ist der Preis.

Wahrscheinlich wurdest du als Baby getauft. So ist es in der Landeskirche üblich. Deine Eltern und Paten haben stellvertretend für dich Ja zu Gott gesagt. Weil sie wollten, dass du von Anfang an zu ihm gehörst, unter seinem Schutz und Segen und in der Gemeinschaft aller Christen groß wirst. Jetzt hast du selbst dein Einverständnis dazu gegeben. Du hast vor den Augen und Ohren der anderen erklärt, dass du zu Gott gehören willst. Und damit dein Ticket für diese Reise gelöst. Gott hat dieses Ticket schon vor langer Zeit für dich hinterlegt. Weil er dich liebt. Dich zuerst geliebt hat. Schon bevor du überhaupt auf der Welt warst. Weil er sich nach dir sehnt, auf dich wartet, mit ausgebreiteten Armen. Weil er dir versprochen hat, dass er dich niemals im Stich lassen wird – komme, was wolle. Weil er dir die Welt zu Füßen gelegt hat und er die Ewigkeit mit dir verbringen will. Unbezahlbar!

Wer mit
Christus lebt,
wird ein
neuer Mensch.
Er ist
nicht mehr derselbe,
denn sein altes Leben ist vorbei.
Ein
neues Leben
hat begonnen!

2. Korinther 5,17

Tasche *packen*

Glaube
ist Gewissheit
ohne Beweise.

Henri-Frédéric Amiel

Wenn für Gott
alle Dinge möglich sind,
dann sind auch alle Dinge
möglich
für diejenigen,
die an ihn glauben.

Corrie ten Boom

Glaub dran!

Wer sich auf ein so großes Abenteuer wie eine Schatzsuche einlassen will, sollte sich vorher um eine gute Ausrüstung kümmern. Nur die Eroberer sind berühmt geworden, die über genügend Proviant, das richtige Material und eine starke Mannschaft verfügt haben. Die anderen tauchen aus gutem Grund nicht in den Geschichtsbüchern auf. Sie haben schlecht geplant und ihr Ziel nicht erreicht. Oder sie haben einfach nicht fest genug an ihren Traum geglaubt. Denn das ist wohl die wichtigste Voraussetzung für eine gelungene Schatzsuche: Die felsenfeste Überzeugung, dass das, wonach ich suche, wirklich existiert. Dass es wahr ist. Und dass ich es schaffen kann, diesen Herzenswunsch zu erobern. Anzukommen. Den Schatz zu bergen.

Wer nicht daran glaubt, hat keine Chance, das Abenteuer zu bestehen. Wer am Ziel zweifelt, wird nicht weitergehen, wenn es schwierig, ja vielleicht sogar schmerzhaft wird. Warum sollte ich mich dem aussetzen, wenn ich doch keine Gewissheit habe, etwas für meine Mühe zu bekommen? Das Schwerste daran: Glauben kann man nicht „erlernen". Niemand kann dir erklären oder beibringen, wie das funktioniert. Aber du kannst dich dafür entscheiden. Und vertrauen. Darauf, dass Gott dich liebt. Und darauf, dass Jesus für dich gestorben ist.

Halt dich an deinem Glauben fest – egal, was kommt. An der Gewissheit, dass nichts auf der Welt, nichts, was irgendwann einmal passieren wird (und nichts, was irgendwann einmal gewesen ist!), die Liebe Gottes zu dir zerstören kann. Halte dich daran fest, dass du sein Kind bist. Und dass du jederzeit, immer wieder und bis in alle Ewigkeit bei ihm sein kannst.

Nichts auf der Welt kann dir etwas anhaben. Nichts kann sich dir in den Weg stellen. Der Schatz, den du suchst, gehört dir schon. Und du wirst ihn finden. Das hat der Herr dir versprochen. Vertrau seinem Wort!

Hoffnung lässt dich weitergehen

Machen wir uns nichts vor: So aufregend und abenteuerlich die Reise auch sein wird, irgendwann kommt mit großer Wahrscheinlichkeit der Punkt, an dem dir Puste ausgeht. Kein Wunder! Schließlich geht's hier nicht um einen gemütlichen Wochenendtrip. Aber auch darauf kann man sich vorbereiten. Zum Beispiel, indem man eine gute Portion von dem einpackt, was in so einer Situation am besten hilft: Hoffnung zum Beispiel. Je mehr, desto besser. Denn die Hoffnung ist es, die uns weitergehen lässt, auch wenn der Proviant verbraucht ist und die Kräfte schwinden.

Ein entscheidender Vorteil: Egal, wie viel du von ihr mitnimmst, deine Reisetasche wird dadurch garantiert nicht schwerer. Im Gegenteil! Du wirst umso schneller vorankommen. Hoffnung hat die wunderbare Eigenschaft, all das, was man so mit sich herumschleppt, ein gutes Stück leichter zu machen.

Ja, stimmt: Hoffen kann man nur auf etwas, das man noch nicht besitzt, auf etwas, das bis jetzt noch nicht eingetroffen ist. Hoffen richtet sich immer auf das, was noch vor uns liegt, in der Zukunft. Aber das muss nichts Schlechtes sein: Noch steht dir alles offen! Du hast es in der Hand. Jeden Tag kannst du deinem Schatz ein Stück näher kommen. Mit jedem Augenblick wird der Abstand zwischen dir und dem, wonach dein Herz sich am allermeisten sehnt, geringer. Und auch wenn du das Gefühl hast, nicht mehr weitergehen zu können, bleibt die Hoffnung bestehen. Denn sie ist es, die bekanntlich zuletzt stirbt. Sie hat also eine höhere Lebenserwartung als alle Mutlosigkeit und Verzweiflung.

Ein anderes Sprichwort besagt: „Hoffen will gelernt sein!" Hier eine kleine Trainingseinheit:

Bleib kurz stehen, jetzt. Halt inne.
Schließ die Augen, atme tief ein. Werde ruhig.
Leg den Kopf in den Nacken, schau hinauf in den Himmel. Und nun:
Denke ganz fest an deinen Traum. Mal ihn dir aus, in all seinen schillerndsten Farben.
Mach dir erneut das Versprechen bewusst, das dir Gott gegeben hat.
Du wirst sehen, dass die Hoffnung wieder die Oberhand gewinnt.

Hoffen heißt, an das Abenteuer der Liebe glauben, Vertrauen zu den Menschen haben, den Sprung ins Ungewisse tun und sich ganz Gott überlassen.

Aurelius Augustinus

Ich bitte Gott, auf den sich unsere Hoffnung gründet, dass er euch in eurem Glauben und allem Frieden mit aller Freude erfüllt, damit eure Hoffnung durch die Kraft des Heiligen Geistes immer stärker und unerschütterlicher wird.

Römer 15,13 (GNB)

Ein
Freund
ist jemand, der das
Lied deines
Herzens
kennt und es dir
vorsingen kann, wenn du
die Worte
vergessen hast.
Joan Chittister

Wenn du nicht mehr weißt, wie es weitergeht; wenn du vom Weg abgekommen bist und dich total verirrt hast – wen könntest du anrufen? Bei wem könntest du dein Herz ausschütten, wenn die Traurigkeit dich übermannt, weil der Weg zu weit scheint hin zu deinem Schatz? Oder einfach dann, wenn du dich furchtbar einsam fühlst?

Weggefährten

Hast du jemanden, der dich auf deiner Reise begleitet? Der an das Gleiche glaubt wie du? Der dich daran erinnert, wofür du all die Strapazen auf dich nimmst, wenn du kurz vorm Aufgeben bist? Der dich an die Hand nimmt, wenn der Weg schmal und steinig wird? Und dir die wunden Füße verarztet? Mit dem du deinen Traum teilen und die Vorfreude lebendig halten kannst?

Es müssen nicht 378 sein. Oder 542. Nicht jede Person, die sich in der Freundesliste deines sozialen Netzwerks findet. Seien wir ehrlich – die meisten kennt man eh nur flüchtig, viele sind Bekannte von Bekannten, die man nur geaddet hat, weil man viele gemeinsame Bekannte hat. Niemand kann echte Beziehungen zu so vielen Menschen gleichzeitig pflegen.

Eigentlich reicht einer. Oder eine. Eine beste Freundin. Ein bester Freund. Jemand, auf den du dich felsenfest verlassen kannst. Der immer zu dir hält und dich nie, niemals im Leben allein lassen würde. Der deine verrücktesten Ideen und Träume kennt und dich dabei unterstützt – selbst dann, wenn er oder sie die für totalen Quatsch hält. Einfach deshalb, weil es genau das ist, was Freunde tun: unterstützen. Und keine dummen Fragen stellen – sondern nur die ganz entscheidenden. Die wichtigen. Und sich nicht abspeisen lassen mit fadenscheinigen Ausflüchten. Die weiterbohren, bis sie auf Grund stoßen. Oder richtiger: Bis sie auf *den wahren* Grund stoßen. Den Grund für deine Zweifel, den Grund für deine Traurigkeit. Freunde werden das, was dein Herz da offenbart, nicht zerreden, sondern ganz behutsam festhalten. Und mit dir betrachten. Und aushalten. Und mit leiden. Und trösten. Und Mut machen. Und schließlich mit dir weitergehen.

Gott sagt: „Wo zwei oder drei, die an mich glauben, zusammen sind, bin ich mit dabei." Und mit dem Herrn des Himmels und der Erde an eurer Seite dürfte es nicht allzu schwer sein, immer wieder auf den richtigen Weg zu finden …

Volle Kraft *voraus*

Der Wind steht günstig und bläst dir kraftvoll in die Segel deines Traumschiffs. Die See ist ruhig und glatt, die Sonne glitzert auf dem Wasser. Vor dir öffnet sich der Horizont, endlos weit – und voller Versprechen …

Startklar

Jetzt geht es los. Die Sachen sind gepackt, das Ticket hältst du in der Hand; du bist startklar – und setzt dich in Bewegung. Was gibt's Besseres, als voller Entdeckerdrang und Tatkraft draufloszustürmen – raus ins Freie, ab nach vorn. Nun kann dich nichts mehr bremsen.

Du spürst das Kribbeln bis in die Fingerspitzen, das Adrenalin, die Spannung ... Nutz diese Kraft! Setz dich ein! Jetzt kannst du Strecke machen. Es ist die Gelegenheit, deinem Schatz ein gutes Stück näher zu kommen ...

Was willst du anfangen mit deinem Lebensabenteuer? Was sind die Dinge, die dir am Herzen liegen? Wozu du dich vielleicht sogar berufen fühlst? Worum soll es sich auf deiner Reise drehen?

Jeder kann mit dem, was er tut, die Welt ein Stück besser machen, ein Stück bunter und fröhlicher, ein Stück barmherziger, lustiger, hilfsbereiter. Du bist hier, weil du einen Auftrag hast: Du sollst ein Lebensretter sein. Vielleicht für viele, vielleicht aber auch nur für einen Einzigen. Völlig egal. Weil jeder Einzelne zählt. Ein Leben ist nicht wichtiger als das andere. Jeder Mensch ist kostbar, jeder Mensch ist ein Schatz. Weil er von Gott geliebt ist.

Deine Reise, dein Weg soll dich zu diesem Schatz führen. Damit du ihn ausgräbst und ans Licht holst – für Gott. Und den Schatz so davor rettest, für immer verloren zu sein.

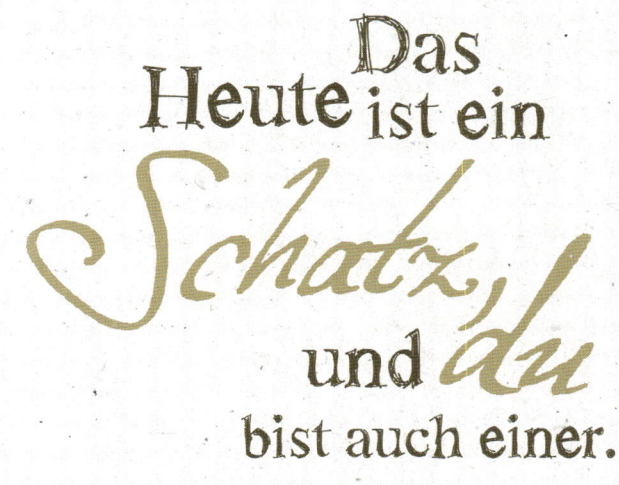

Das Heute ist ein Schatz, und du bist auch einer.

Sandra P. Aldrich

In ihr
[der Bibel]
ewige Leben ist das
zu finden,
und zwar deshalb,
weil
sie auf Jesus Christus
weist und von ihm
Zeugnis gibt [...].
Biblisches Wörterbuch

Wegweiser to go

Bevor du mit voller Kraft drauflossegelst, ist es wichtig, den Kurs festzulegen – sonst bist du zwar echt schnell, aber eben auch echt schnell völlig verkehrt. Das erste Mittel, um den richtigen Weg einzuschlagen, ist ein Blick in die beste Schatzkarte der Welt: die Bibel, Gottes Wort. Ein Wegweiser zum Mitnehmen, der dir immer und überall zeigen kann, wo es langgehen soll. Keine schwierigen Kursberechnungen, kein hilfloses Rätseln über den Stand der Sterne oder das Abwägen der Windrichtung. Klar und deutlich steht hier geschrieben, wohin es gehen soll. Und nicht nur das: Es wird auch direkt erklärt, wie! Wenn du also von Gott wissen willst, was er sich für dich und dein Leben ausgedacht hat, wirst du es hier finden. Er hat es für dich aufschreiben lassen, damit du dich immer wieder neu daran erinnern und

dich vergewissern kannst. An seiner Ansage müssen sich alle guten Ratschläge, alle Eindrücke und Entscheidungen messen lassen. Nur, wenn sie nicht im Widerspruch zu dem stehen, was du dort lesen kannst, solltest du ihnen folgen ...

Das erste Mal ist übrigens in der Bibel im zweiten Buch Mose davon die Rede, dass jemand etwas aufgeschrieben hat (noch genauer: in Kapitel 32, Vers 16). Wer es war? Niemand anderes als Gott selbst. Er ritzte für Mose und das ganze Volk Israel seinen Willen in zwei Steintafeln. So wichtig war es ihm, dass wir seine Gebote, seinen Wegweiser für unser Leben niemals vergessen. Für uns hat er höchstpersönlich diesen Schatz in Stein „eingegraben". Und wir graben ihn wieder aus: jedes Mal, wenn wir in der Bibel lesen.

„Du sollst deinen Nächsten lieben wie dich selbst." – „Was du nicht willst, das man dir tu, das füg auch keinem andern zu!" – „Geteiltes Glück ist doppeltes Glück." …

Kluge Sprüche? Wahre Worte! Denn niemand lebt für sich allein. Und es macht tierisch Spaß, sich zusammen mit anderen ins Abenteuer zu stürzen. Eine Party ohne Gäste ist nur ein Tisch voller Köstlichkeiten, die verderben. Und ein Schiff ohne Mannschaft wird nie zur See fahren …

Der Schatz der Gemeinschaft

Einen Schatz bergen – das geht nicht allein. Zu schnell kommt man beim Buddeln ans Ende seiner Kräfte. Wie sollte man dann noch die schwere Truhe heben, wenn man tatsächlich auf sie stößt? Und wer bewacht unterdessen das Schiff?

Man braucht immer Menschen um sich herum, die einem bei der Suche helfen. Und nicht nur du brauchst die anderen, auch die anderen brauchen dich …

Ja, jeder sucht nach seinem eigenen Schatz. Aber jeder ist dabei auch Teil der Suche der anderen. Denn wir alle sind miteinander verflochten und verwoben im Netz der Gemeinschaft, der Familie, der Schule, der Kirche, der Stadt, in der wir wohnen, des Landes, in dem wir leben. Niemand ist für sich allein – auch wenn du dich mitunter manchmal ziemlich einsam fühlst. Doch je mehr du dich an der Schatzsuche der anderen beteiligst, desto seltener wird das vorkommen. Und desto leichter findest du selbst zum Ziel! Denn wenn du dich einbringst, wirst du immer Menschen um dich haben, die dir helfen wollen. Die sich mit dir gemeinsam auf die Bergung deines Schatzes freuen! Die mit dir das Abenteuer bestehen wollen. Als Teil deiner Mannschaft. Als deine Gefährten. Und zwar nicht, um dir am Ende den Schatz streitig zu machen, sondern weil sie dir nur das Beste für dein Leben wünschen.

Wenn wir einander helfen, unsere Schätze zu bergen, werden alle dadurch bereichert – und das nicht erst am Schluss, sondern unmittelbar, mittendrin im Abenteuer. Weil es glücklich macht, wenn man durch andere Hilfe und Unterstützung erfährt. Aber auch, weil es ein absolut unvergleichliches Gefühl ist, wenn man anderen eine echte Hilfe sein kann.

Wenn ich dazu beigetragen habe, einen anderen glücklich zu machen, wird auch er oder sie für jemand anderen eine Unterstützung sein können. Weil er dann dazu die Kraft hat. Und weil man den Schatz des Glücks immer gern teilen will.

Seid in herzlicher *Liebe* miteinander verbunden, gegenseitige *Achtung* soll euer Zusammenleben bestimmen.
Römer 12,10 (HFA)

Du bist unersetzlich

Du hast eine ganz besondere Gabe. Etwas, das nur du kannst – auf die Art und Weise, wie du es tust. Niemand anderes auf der Welt könnte den Platz besetzen, an dem du stehst. Deshalb: Bring dich ein! Denn du bist wichtig. Ohne dich fehlt etwas ganz Entscheidendes …

Auch wenn du noch nicht entdeckt hast, was dich so einzigartig macht – Gott weiß es. Er weiß, warum du da bist, wo du bist. Er hat dich geschaffen und dich mit deiner Gabe ausgestattet – weil sie gebraucht wird. Weil sie zählt. Und weil er dich gebrauchen will, deinen Einsatz, für seine gigantische Abenteuergeschichte. Du spielst darin eine Rolle, die niemand anderes für dich spielen könnte.

Was kannst du gut? Was bringt dein Herz zum Hüpfen?

Wobei fühlst du dich am allerwohlsten, im Reinen mit dir und der Welt?

Wann kommt deine Seele zur Ruhe?

Und wann bist du am meisten du selbst?

Vielleicht beim Singen. Oder wenn du andern zuhören kannst – und mit ihnen ihre Probleme besprichst. Wenn du kreativ wirst – beim Malen, Nähen, Basteln, Gestalten. Oder es macht dir Freude, andere zu beschenken, Freunde einzuladen und zu bewirten. Auch das kann eine Gabe sein.

Hör auf die Komplimente der anderen, den Zuspruch deiner Familie und Freunde, das Lob deiner Lehrer oder Bekannten. Frag die anderen, was ihrer Meinung nach deine Talente sind. Womit kannst du die Menschen fesseln? Was finden sie gut an dir?

Und das Wichtigste: Frag Gott. Frag ihn, was er mit dir vorhat. Welche Gaben du seiner Meinung nach trainieren solltest. Und wofür. Frag ihn, wo er dich haben will. Wem du mit deinen besonderen Fähigkeiten helfen kannst, seinen Schatz zu finden. Wie du die andern Menschen um dich herum bereichern kannst – damit die Welt ein Stückchen besser wird.

Gott hat einen Plan. Und du bist ein Teil davon.

Wir sind
alle Teile seines
einen
Leibes, und jeder
von uns
hat eine andere
Aufgabe
zu erfüllen.
Und da
wir alle in Christus
ein Leib sind,
gehören wir zueinander, und jeder
ist auf alle anderen angewiesen.

Römer 12,5

Die größten *Wunder* gehen in der größten *Stille* vor sich.
Wilhelm Raabe

36

Auftanken nicht vergessen

W r sind ständig in Action. Immer gibt's was zu tun, etwas Neues zu entdecken. Wenn nicht mit den Freunden unterwegs, dann eben virtuell: im Chat. Im Netzwerk, die aktuellen News, den Status der anderen checken. Immer im Gespräch, ununterbrochener Austausch. Wir wollen up to date sein, und das nonstop. Nur nichts verpassen. Wer stehen bleibt, ist raus ...

Kein Wunder, dass wir uns gehetzt fühlen. Uns fehlen die Zeiten der Besinnung – auf das, was als Nächstes dran ist, auf das, was uns wichtig, was für unser Leben entscheidend ist.

Wann kommst du zur Ruhe?
Und warum fliehst du vor der Stille?

Stille kann Angst machen. Weil man sich leicht einsam fühlt so ganz ohne den Trubel um einen herum. Und weil Stille oft verwechselt wird mit Stillstand. Dabei ist sie das komplette Gegenteil! Sie bewahrt uns davor. Weil wir hier wieder auftanken können.

Weil wir in der Stille die Gelegenheit haben, uns einen Überblick zu verschaffen – über das, was wir schon hinter uns haben von unserem Weg – und das, was noch vor uns liegt. Nicht nur im Leben, auch im Glauben ...

Wenn du Gott besser kennenlernen willst, wenn du mehr über ihn erfahren willst und darüber, was er von dir denkt und was er sich vorgestellt hat für dein Leben, dann geht das nur, wenn du Zeit mit ihm verbringst. Wenn du nach seiner Gesellschaft suchst. Wenn du dich ehrlich dafür interessierst, was er dir sagen will. Gott redet. Er schweigt dich nicht an. Und gerade dann, wenn du den Eindruck hast, du kannst ihn nicht hören (vielleicht, weil die Welt um dich herum mal wieder zu laut ist oder die Sorgen in deinem Herzen alles übertönen), ist das oft ein sicheres Zeichen dafür, dass er gerade ganz laut nach dir ruft ... und dein Herz sich nach ihm sehnt. Nach einer Pause von all dem Lärm der Welt. Nach einer Stille, in der es auftanken kann. Um wieder neu für deine Schatzsuche schlagen zu können.

Sturm kommt auf

Das Erste,
das der *Mensch*
im Leben vorfindet,
das Letzte, wonach er die Hand ausstreckt,
das Kostbarste,
was er im Leben besitzt,
ist die Familie.

Adolph Kolping

Dein Basiscamp

Jede Expedition braucht ein Basiscamp. Eine Station, an der man Wichtiges und Nützliches aufbewahren kann, die Ausrüstung ausbessert, die Vorräte aufstockt. Hierhin kann man zurückkommen, wenn sich ein Weg als Sackgasse erwiesen hat. Oder wenn unerwartete Hindernisse ein Weiterkommen erschweren. Hier kann man ein Unwetter abwarten und die nächsten Schritte planen. So ein Ort ist dein Zuhause. Deine „Homebase". Das sind deine Eltern und Geschwister. Und später vielleicht dein Mann und deine Kinder. Ein Ort der Geborgenheit – auch wenn es manchmal gar nicht danach aussieht. Klar, dass in der Familie nicht immer alles total entspannt ist, und nein, du kannst nicht völlig frei entscheiden, wie es hier läuft – schließlich haben die anderen auch ein Wörtchen mitzureden. Auseinandersetzungen gehören mit dazu. Und Kompromisse. Denn egal, wo auf der Welt du mit wem auch immer zusammen bist – ob mit Freunden, später mit deinen Arbeitskollegen oder in einer Beziehung – ohne einen Austausch darüber, wer was wann braucht und wie jeder einzelne innerhalb dieser Gemeinschaft seinen Alltag gestalten kann und will, funktioniert kein Zusammenleben. Deswegen ist es eigentlich ganz praktisch, dass wir das in einem so geschützten Rahmen wie der Familie üben können. Hier kündigt dir niemand die Freundschaft auf, wenn du dich mal im Ton vergreifst oder dich komplett danebenbenimmst. Deine Eltern und deine Geschwister werden immer, dein ganzes Leben lang, zu dir gehören. Ihr seid untrennbar miteinander verbunden. Auch, wenn ihr euch phasenweise ziemlich auf die Nerven geht und vielleicht sogar vorübergehend der Kontakt unterbrochen wird – deine Familie ist im Ernstfall immer für dich da.

Deine Eltern lieben dich. Auch, wenn sie dir das nicht jeden Tag ausdrücklich sagen. Mit ziemlich großer Wahrscheinlichkeit werden sie sich sehr darüber freuen, wenn du auf deiner Schatzsuche zwischendurch zu Hause Station machst, um aufzutanken. Oder um dich neu zu orientieren, wie es weitergeht auf deinem Weg. Und wo sonst auf der Welt könnte man sich besser mit Proviant eindecken?

Rettung in höchster Not

Wenn ein Sturm aufzieht und die Wellen hoch schlagen, nützt weder ein Basiscamp irgendwo an Land, noch eine Mannschaft, die selbst gegen die helle Panik kämpft. Jona könnte davon ein Lied singen, wäre er noch unter uns. Auf seinem Fluchtversuch vor Gottes Auftrag kam auch sein Schiff in Seenot. Das, was ihm in höchster Gefahr das Leben rettete, war nicht das Sonderkommando der Küstenwache. Es gab kein Rettungsboot weit und breit, noch nicht mal eine Schwimmweste hatte er um. Das, was sein scheinbar schon besiegeltes Schicksal in letzter Sekunde umkehrte, war schlicht und ergreifend: ein Gebet. Ein Rufen zu Gott, aus tiefstem Herzen heraus.

Jona war sich sicher, dass seine Bitte ankommt. Ob der Herr sie ihm erfüllen würde, stand allerdings auf einem anderen Blatt. Schließlich hätte Gott allen Grund gehabt, sich für immer von Jona zu verabschieden. Denn der besaß die Dreistigkeit, sich gegen seinen ausdrücklichen Willen zu stellen – und hat sich einfach aus dem Staub gemacht. Obwohl er doch haargenau wusste, was Gott wollte ... Trotzdem: Als Jona Gott in Todesangst um Hilfe anflehte, da ließ der Herr ihn nicht im Stich. Auch wenn die Lage aussichtslos erschien. So etwas hat den Schöpfer des Himmels und der Erde noch nie aufgehalten. Wenn kein Rettungsboot in Sicht ist, lässt er sich eben etwas anderes einfallen – und schickt kurzerhand einen gut gewachsenen Fisch, um Jona zu verschlucken und genau dort auszuspucken, wo Jona schon von Anfang an hätte hingehen sollen. Gott hat Humor, das muss man zugeben.

Viel wichtiger als das: Unser Vater im Himmel lässt dich nicht im Stich. Er wartet auf dein Rufen. Und er ist jederzeit bereit, dir zur Rettung zu eilen. Mit Sicherheit anders, als du denkst. Aber mit Sicherheit so, dass die Geschichte die bestmögliche Wendung nimmt.

Nein, er wird dich nicht von vornherein vor allen Gefahren und Stürmen des Lebens bewahren. Wenn Gott alles steuern würde, wie könnte er sich sicher sein, dass wir ihn aus freien Stücken lieben? Aber er wird jederzeit zur Stelle sein, wenn du ihn um seine Hilfe bittest. Verlass dich auf die Kraft deines Gebets. Es bleibt niemals ungehört.

Wer von euch
würde seinem
Kind einen
Stein geben,
wenn es um Brot bittet?
Oder eine Schlange, wenn es
um Fisch bittet?
So schlecht
ihr auch seid,
ihr wisst doch,
was euren Kindern
gut tut,
und gebt es ihnen.
Wie viel mehr
wird euer
Vater im Himmel
denen Gutes geben,
die ihn darum bitten.

Matthäus 7,9-12 (GNB)

43

Früher oder später wird er kommen: Der Punkt, an dem es nicht mehr weiterzugehen scheint. Eine waschechte Sackgasse ...

Die meisten Expeditionen und Abenteuerreisen enden nicht deshalb, weil die Schuhe durchgelaufen oder die Vorräte aufgebraucht sind. Sie scheitern an der Verzweiflung. An der Hoffnungslosigkeit. An dem Gedanken, dass es nichts mehr gibt, was die Sache jetzt noch retten könnte.

44

Eine Brücke über den tiefsten Graben

Da ist ein Graben. Ein tiefer Graben, der dich von Gott trennt. Dieser Graben, das sind die Fehler, die du gemacht hast. Und die, die du machen wirst. Und du *wirst* Fehler machen. Niemand schafft es ohne. Niemand macht immer alles richtig. Und selbst wenn: Allein dadurch, dass du nicht Gott bist, bist du nicht perfekt. Und weil es da vor vielen Tausend Jahren diese dumme Geschichte mit dem Apfel gab, die bis heute Auswirkungen hat.

Aber es gibt eine gute Nachricht: Jesus hat eine Brücke über diesen Graben gebaut. Oder besser: Er selbst ist die Brücke. Fakt ist: Ohne Jesus, ohne seinen Tod, ohne dieses Wahnsinns-Opfer, das er für uns gebracht hat, könnten wir nicht zu Gott kommen. Es gäbe keine Gnade für uns. Keine Vergebung. Und keine Ewigkeit im Paradies. Der Weg zu unserem Schatz wäre für immer versperrt.

Jesus ist für dich gestorben. Weil Gott sich nach dir sehnt. Weil er dich liebt. Nichts, was du tust, kann das ändern. Lies es, und dann lies es nochmal. Und versuch, es dir wirklich bewusst zu machen: Gott liebt dich! Der Herr des Himmels und der Erde. Der Schöpfer des Universums. Der, der alles auf dieser Welt gemacht hat – liebt *dich*.

Der Preis dafür war und ist enorm. Seinen einzigen Sohn hat er dafür gegeben. Er war ein Spiegelbild seiner selbst, in ihm und durch ihn hat sich Gott der Welt offenbart. Sein Sohn war ein Teil von ihm. Und Gott hat zugelassen, dass sein größter Schatz unter unvorstellbaren Qualen und Folter ans Kreuz geschlagen wurde. Verspottet, bespuckt, beschimpft. Der Retter der Welt. Den Mördern und Übeltätern gleichgemacht. Uns gleichgemacht. Durch und mit all unserer Sünde getötet.

Mit Jesus hängt unsere Sünde am Kreuz. Und wenn du das glauben kannst, dann hängt sie dort für immer.

Im Gegensatz zu Jesus – denn der ist auferstanden. Er hat den Tod besiegt. Nicht nur seinen: *deinen* Tod. Damit du für alle Ewigkeit bei deinem Vater sein kannst. Der dich geliebt hat, schon von Anfang an. Was für ein Schatz!

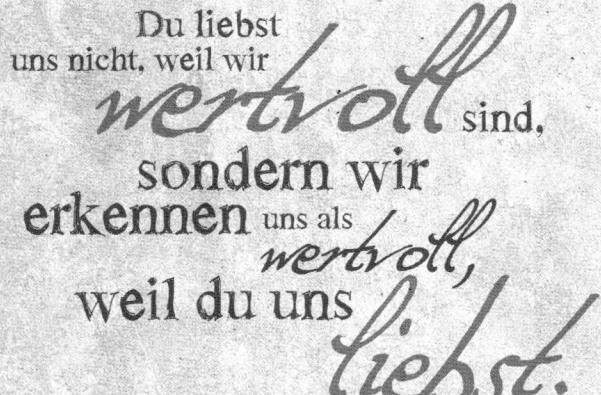

Du liebst uns nicht, weil wir *wertvoll* sind, sondern wir erkennen uns als *wertvoll,* weil du uns *liebst.*

Hans-Joachim Eckstein

Herr, du durchschaust mich, du kennst mich durch und durch. Ob ich sitze oder stehe – du weißt es, aus der Ferne erkennst du, was ich denke. Ob ich gehe oder liege – du siehst mich, mein ganzes Leben ist dir vertraut. Schon bevor ich rede, weißt du, was ich sagen will.

Von allen Seiten umgibst du mich und hältst deine schützende Hand über mir. Dass du mich so genau kennst – unbegreiflich ist das, zu hoch, ein unergründliches Geheimnis!

Wie könnte ich mich dir entziehen; wohin könnte ich fliehen, ohne dass du mich siehst? Stiege ich in den Himmel hinauf – du bist da! Wollte ich mich im Totenreich verbergen – auch dort bist du!

Eilte ich dorthin, wo die Sonne aufgeht, oder versteckte ich mich im äußersten Westen, wo sie untergeht, dann würdest du auch dort mich führen und nicht mehr loslassen.

Psalm 139,1-10 (HFA)

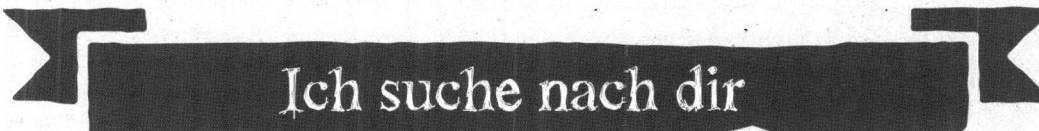

Ich suche nach dir

Ich suche nach dir. Jeden Tag. Immer wieder neu. Von vorn.
Ich folge einem unbestimmten Ziel: Ich will ich werden.
Ich weiß, dass ich schon da bin, irgendwo, tief da drinnen, da bin ich schon.
Ich bin von dir gemacht. Und trotzdem noch nicht da.
Versteckt. Verborgen vor der Welt.
Mir fehlt der Mut. Ich trau mich nicht hervor. Ich habe Angst. Angst vor dem da
draußen. Angst vor dem Blick der anderen. So wie einst Eva Angst hatte:
Vor dir. Vor deinem Blick. Weil du wusstest, wer sie ist.

Ich will dich erkennen. Und von dir erkannt sein.

Nichts wünsche ich mir sehnlicher als das.
Dass du mich siehst, wie ich bin.
Und dass du Ja sagst zu dem, was du siehst. Mehr noch:
Dass du entzückt bist.
Dass du staunend vor mir stehst und dir die Worte fehlen,
weil du überwältigt bist von meiner Schönheit.
Doch die Angst vor deiner Reaktion, vor dem, was tatsächlich geschieht,
wenn du mich erkennst,
ist zu groß. Ich weiß, dass ich nackt bin.
Ich weiß, dass ich so, wie ich bin, nicht perfekt bin. Weil nur du allein perfekt bist.
Und ich bin nicht du. Das allein reicht aus. Das ist mein Makel.
Ich bin nicht du. Ich bin ich. Ich bin weniger. Mir fehlt etwas.
Und was mir fehlt, bist du.

Siena, 9. VII. 1912.

Paris, 3 Novembre 1896.

Turin 21 April 93

Den Schatz
entdecken

Du hast mich geschaffen – meinen
Körper und meine Seele,
im Leib
meiner Mutter hast du mich gebildet.
Herr, ich danke dir dafür,
dass du mich so wunderbar
und einzigartig gemacht hast! Großartig
ist alles, was du geschaffen hast - das
erkenne ich!

Psalm 139,13.14 (HFA)

Die Reise, auf die du dich begeben hast, ist auch eine Reise in dich hinein, in dein Herz, und noch tiefer: in deine Seele. Was tun sich da für Welten auf? Kennst du sie schon alle? Oder gibt es auf der Schatzkarte deines Innersten noch blinde Flecken – Orte, an denen du noch nicht gewesen bist, weil sie vielleicht zu weit weg sind? Oder weil sie so düster erscheinen, dass du dich noch nicht getraut hast, sie zu erobern?

Du bist der Schatz – lass dich entdecken!

Auf dieser Reise bist nicht nur du diejenige, die sucht. Sondern gleichzeitig bist du auch der Schatz, den es zu entdecken gilt. Von Jesus, von Gott. Und von dir selbst! Denn wer sich auf den Glauben einlässt, der gibt auch sein Einverständnis dazu, sein Herz erforschen zu lassen.

Nicht alles, was wir dort entdecken, ist schön und hell und freundlich. Da gibt es viele dunkle Ecken, die wir lieber gar nicht so genau erforschen wollen. Besser einen großen Bogen drum machen. Aber so funktioniert das nicht in einer Beziehung. Und so funktioniert das nicht mit Gott.

Das Gute daran: Auch wenn uns selbst noch einige Stellen in uns drin unbekannt und düster erscheinen, hat Gott sie längst gesehen. Er kennt das in dir drin – besser als du selbst. Schließlich hat er dich gemacht! Er, der alle Herzen durchschaut und jeden Gedanken weiß. Er hat dich mit Liebe erschaffen, geformt im Mutterleib. Er kannte dich, schon bevor ein anderer Mensch auf dieser Welt dich kennengelernt hat. Er hat dich gemacht, weil er dich *wollte*. Du bist gewollt! Du bist von Anfang an geliebt. Aus einem Herzenswunsch Gottes heraus von ihm höchstpersönlich ins Leben geliebt. Er weiß, was dich in deinem Leben verletzt hat. Was dich geprägt hat. Woher diese Wut in dir kommt. Und die Angst. Und die Sehnsucht ...

Die Sehnsucht danach, erkannt zu werden. Von anderen Menschen. Von *einem* anderen Menschen. Wir wollen wahrgenommen werden. Mit all unserem Sein, mit allem, was uns ausmacht, als Ganzes. Als starke Frau, als verspieltes Kind, als Prinzessin, Kriegerin, als liebevolle Freundin, als selbstständige Macherin, als einsame Wölfin, als Partyclown, als Künstlerin und Femme fatale. All das wohnt in uns, und jedes Ich von uns will geliebt werden. Von Gott, von den Menschen. Und von jemand ganz Bestimmtem ...

Die Liebe – Gottes Schatz für dich

Die Sehnsucht, oder anders: das Gefühl in dir drin, nicht vollständig zu sein, dieses tiefe Wissen darum, dass dir etwas fehlt, kommt nicht von Ungefähr. Wir sind schlicht und ergreifend nicht dazu bestimmt, allein zu sein. Wir sind und waren immer schon auf Beziehung angelegt. Denn Gott hat den Menschen nicht als einzelnen geschaffen. Er selbst wusste von Anfang an, dass Liebe nur dort existieren kann, wo es Beziehung gibt. Wer könnte das besser wissen als er? Schließlich ist Gott selbst die Liebe. Und als er vorhatte, den Menschen nach seinem Bilde zu machen, musste er diese Liebe in ihn hineinlegen. Er selbst ist ja nicht nur einer, sondern in ihm vereinen sich drei Personen zugleich: Gott Vater, Jesus und der Heilige Geist. Und alle drei stehen in engster Beziehung zueinander, sie sind untrennbar miteinander verflochten. Kein Wunder also, dass Gott auch den Menschen genau so geschaffen hat: als Teil eines Bündnisses, als Hälfte von etwas, das sich nur in einer Verbindung vollständig fühlt. „Es ist nicht gut für den Menschen allein zu sein"– das hat er selbst gesagt, schon ganz vorn in der Bibel, im ersten Buch Mose, Kapitel 2, Vers18.

Gott hält für dich diesen ganz besonderen Schatz bereit: Die Liebe zwischen dir und einem anderen Menschen. Seinem Adam hat Gott eine Eva gemacht – eine Gefährtin, mehr noch, eine „Gehilfin", ein Gegenüber, das mit ihm gemeinsam die Welt erobert. Die mit ihm die Freude an diesem Leben teilen kann. Und seinen Schatz.

Du bist diese Gefährtin, oder du wirst sie noch sein – für den Mann deines Lebens. Zusammen könnt ihr euch mit vereinten Kräften in das Abenteuer stürzen, das Gott für euch bereithält. Ihr könnt euch gegenseitig ermutigen, stärken, Antrieb geben. Und euch vor einem falschen Kurs bewahren. Gemeinsam könnt ihr schon jetzt einen Teil dessen entdecken, was Gott für uns bereithält: die Liebe – in ihrer ganzen Fülle, mit all ihren Facetten. Nicht nur Zärtlichkeit, Geborgenheit, Anteilnahme und Treue, auch die romantische, körperliche Liebe: echte Leidenschaft. Auch das gehört mit dazu, auch das ist wesentlicher Bestandteil der Liebe, wie Gott sie sich erdacht hat. Ohne sie gäbe es kein Leben auf dieser Welt. Sie ist kostbar. Etwas, das es zu schützen und zu behüten gilt. Wie einen richtigen Schatz eben.

Komm, mein Geliebter, wir wollen aufs Feld hinausgehen und die Nacht zwischen wilden Blumen verbringen [..]. Dort will ich dir meine Liebe schenken!

Hohes Lied 7,12.13

Bei dir *angekommen* zu sein bedeutet nicht das Ende meiner Reise, sondern den *Beginn* einer neuen. Zu zweit.

Sarah Razak

„Der **Geist** ist es, der den Glauben *erweckt* und zur *Liebe* befähigt."

Biblisches Wörterbuch

Der Beistand aber, der Heilige Geist, den der Vater senden wird in meinem Namen, der wird euch alles lehren und euch an alles erinnern, was ich euch gesagt habe.

Johannes 14,16 (ELB)

Der Schatz in dir drin

Es gibt noch einen ganz anderen Schatz, der entdeckt werden will. Einen Schatz, den du nicht finden wirst, solange du nur da draußen in der Welt danach suchst. Gott selbst hat ihn dort verborgen, wo er am allerbesten geschützt ist, dort, wo ihn dir niemand jemals rauben kann. In dich hinein, in dein Herz, hat Gott ein Stück seiner selbst gelegt: seinen Heiligen Geist.

Im Alten Testament steht für den Geist Gottes das Wort „ruach" an der Stelle, an der Gott dem Menschen seinen Atem einhaucht – und ihn dadurch lebendig macht. Durch seinen Geist entsteht Leben, wird alles geschaffen. So wie auch wir als Christen neu geschaffen werden, wenn wir zum Glauben finden. Der Geist verleiht also Leben im doppelten Sinn: Er ist es, der unser Dasein auf dieser Welt überhaupt erst möglich macht. Aber darüber hinaus werden wir auch durch ihn dazu fähig, zu glauben – und so „geistlich" lebendig.

Gottes Geist kommt zu uns, wenn wir zu Gott kommen. Er schenkt uns ein neues Leben. Und durch ihn können wir diese gute Nachricht an alle Menschen weitergeben. Wir brauchen uns keine Sorgen darum zu machen, wie wir der Welt da draußen von diesem Schatz erzählen sollen, der auf uns Menschen wartet. Gottes Geist wird durch uns sprechen, wenn wir den Mut haben, den Mund aufzumachen – und auf ihn zu vertrauen. Das hat Jesus seinen Jüngern vor 2000 Jahren versprochen und das gilt auch heute noch.

Durch seinen Geist ist Gott immer bei dir. Nicht einfach neben dir oder vor oder über dir, nein, er ist mitten in dir drin. Er leitet dich, er weist dir den Weg. Hör ihm zu. Lausche auf das, was er dir sagt. Spür in dich hinein. Der Heilige Geist ist es, durch den du weißt, was Gottes Wille ist. Er lenkt dich, wie ein innerer Kompass. Auf deiner Suche weist er dir den Weg hin zu deinem Schatz, zur Liebe Gottes. Und gleichzeitig ist er selbst schon ein Teil davon.

Dann sah ich einen neuen Himmel und eine neue Erde, denn der alte Himmel und die alte Erde waren verschwunden …Und ich sah die heilige Stadt, das neue Jerusalem, von Gott aus dem Himmel herabkommen wie eine schöne Braut, die sich für ihren Bräutigam geschmückt hat. Ich hörte eine laute Stimme vom Thron her rufen: »Siehe, die Wohnung Gottes ist nun bei den Menschen! Er wird bei ihnen wohnen und sie werden sein Volk sein und Gott selbst wird bei ihnen sein. Er wird alle ihre Tränen abwischen, und es wird keinen Tod und keine Trauer und kein Weinen und keinen Schmerz mehr geben.

Offenbarung 21,1-4

Das *Himmelreich* ist wie ein Schatz, den ein Mann in einem Feld verborgen fand. In seiner Aufregung versteckte er ihn wieder und verkaufte alles, was er besaß, um genug Geld zu beschaffen, damit er das Feld kaufen konnte – und mit ihm den *Schatz* zu erwerben!

Matthäus 13,44

Einige Schätze hast du nun schon auf deiner Suche entdeckt – und bist dem Ziel, sie dir zu erobern, ein Stück näher gekommen. Vieles kann von unschätzbarem Wert für uns sein, ja alles, was wir mit Gottes Augen betrachten, kann zu einem echten Schatz für uns werden. Familie, Freundschaft und Gemeinschaft, die Bibel, unsere Gaben, der Glaube selbst oder die Liebe zu einem anderen Menschen. Der größte allerdings, den bezeichnet sogar die Bibel selbst als Schatz: das Himmelreich. Oder, mit anderen Worten: das ewige Leben – zusammen mit Gott.

Das klingt ... bombastisch. Und leider irgendwie ziemlich weit weg. Ein bisschen wie eine ungeöffnete Schatztruhe, verborgen an einem geheimnisvollen Ort. Doch manche hatten schon das Glück, einen Blick hineinwerfen zu dürfen. Fest steht: Dieser Schatz ist herrlich. Er ist unbeschreiblich schön, glitzernd und prachtvoll wie Gold und Edelsteine. Und in all diesem Glanz werden wir die Ewigkeit verbringen – zusammen mit Jesus, in der uneingeschränkten Gegenwart Gottes. Alles, was uns hier auf der Erde das Leben schwer macht, alle Traurigkeit, alle Hindernisse, alles Böse und jeder Schmerz wird dann für immer vergessen sein.

Die gute Nachricht: Dieser Schatz ist nichts, was wir erst ganz am Ende, nach unserem Tod erreichen werden. Schon jetzt, hier und heute kannst du ihn heben – wenn du mit Jesus unterwegs bist. Wenn er der Mittelpunkt deines Lebens ist. Wenn du ihm nachfolgst. Denn in der Gemeinschaft mit ihm erfüllt sich, was Gott uns versprochen hat: der Himmel auf Erden. Er selbst ist die Quelle des ewigen Lebens. Nach ihm zu suchen, nach seinem Willen zu fragen und alles, was du tust, danach auszurichten – das ist der Schlüssel zu dem Kostbarsten, was es gibt.

Das ewige Leben ist der größte Schatz von allen. Und die Suche danach hört niemals auf.